LA

MAÇONNERIE,

PAR

A. G. CESENA

ET F∴ L∴ GOUHENANT,

A TOUS

LES ORIENS DE FRANCE.

Prix : 1 fr. 25 c.

A LYON,

CHEZ LES PRINCIPAUX LIBRAIRES.

1832. *40042*

LA

MAÇONNERIE,

PAR

A. G. CESENA

ET F∴ L∴ GOUHENANT,

A TOUS

LES ORIENS DE FRANCE.

Prix : 1 fr. 25 c.

A LYON,

CHEZ LES PRINCIPAUX LIBRAIRES.

1832.

PROLOGUE.

Mes frères ! un soin de la plus haute portée m'amène aujourd'hui devant vous ; après avoir jeté un coup-d'œil sur la scène ténébreuse de notre monde, l'extension de notre société qui jusqu'ici s'est renfermée dans ses limites et est demeurée presque inconnue, m'a semblé une des nécessités du développement des lumières et de la tourmente qui ballotte toutes nos libertés. La maçonnerie doit-elle rester invisible à tous ? non ! son but ne serait pas atteint ! sa mission serait incomplète ! elle ne l'aurait pas comprise !

J'ai cru qu'il était de son intérêt et de l'intérêt général, de quitter cette espèce de masque sinistre qui nous cache à tous les regards, et d'appeler à elle le plus grand nombre de citoyens, autant pour accroître ses forces que pour répandre ses bienfaits sur une plus grande quantité de maçons, en les soumettant toujours aux sermens qui nous sont imposés, et en conservant ses redoutables secrets qui sont sa base la plus solide.

Vous n'ignorez pas combien la renommée superstitieuse nous a prêté de manœuvres coupables, de dogmes absurdes, de scènes fantastiques ! on a fait de nous un vrai sabbat ! une réunion de magiciens ! un club de conspirateurs qui formaient des imprécations sur le poignard, et minaient sourdement tous les états dont nous avions juré la ruine.

Les préjugés les plus amers se sont élevés contre nous ; et ce qui fait honte au siècle, c'est que tant de croyances ridicules et fabuleuses aient pu s'accréditer. Les hommes sont les mêmes dans notre ère qu'au temps de Luther, rejetant tout ce qu'ils ne conçoivent pas, et s'égarant dans les sphères de l'invisible.

Ce que nous faisons, ce que nous voulons, le voici : la maçonnerie n'est pas un culte ; c'est une réunion libre et réglée d'hommes de toutes sectes, qui s'étend dans toutes les parties du globe, destinée au soulagement de ses frères, à la propagation des arts et de l'industrie, et au maintien de la liberté des peuples ; sa puissance est fondée sur le mystère inviolable qui les entoure à tous les yeux et les unit entr'eux. Que sont auprès de semblables institutions toutes les sociétés secrètes? des graines jetées au vent.

C'est donc pour donner le développement nécessaire à ces idées, que j'ai communiqué mes matériaux à un de nos jeunes littérateurs de mes amis. Frappé de la fécondité de nos ressources et de l'immense destinée qu'elles renfermaient, il a adopté mes vues avec ardeur, et regardant comme notre dernière planche de salut et le plus fort levier du siècle, l'Association de la maçonnerie dont il regrette que son âge ne lui permette pas de faire partie, il a du moins voulu consacrer ses opinions dans la brochure que je viens vous exposer. J'ai pensé que la voix du poète serait mieux entendue et était plus solennelle pour annoncer aux hommes cette nouvelle lumière qui jaillit parmi eux, et pour déployer nos formes gigantesques. Je l'ai prise pour interprète, bien persuadé qu'avec un peintre qui crée si bien ce qu'il retrace, nous ne pouvons moins faire que de trouver des admirateurs et des partisans.

F. I. GOUHENANT.

Préface.

Un mot encore, mon cher Gouhenant ; vous prenez la voix du poëte pour interprète auprès des nations ; hélas ! cette voix n'est plus écoutée : si nous chantons des victoires ou des hymnes de liberté, l'on applaudit et l'on nous couronne ; mais si, semblables à Jérémie, prophètes de malheur, nous nous asseyons aux portes de Ninive, et que nous prédisions aux hommes les jours de misère et de calamité ; si nous leur montrons du doigt le sépulcre où sont engloutis leurs pères et tant de milliers de générations, Jérusalem, Carthage, Rome, cités jadis florissantes, ils passent en secouant la tête et en riant..... et les jeunes filles, seules émues de nos larmes, viennent danser en ronde autour de nous et nous offrent des guirlandes et des fleurs. Des fleurs ! nous en avions tant ! elles sont fanées ! nous avions bien des illusions ! bien des rêves ! pauvres fleurs ! le souffle de la canicule a passé dessus.

Pourra-t-on m'accuser de passions, de préventions, moi ? ma pensée s'est ouverte au soleil de juillet ; je n'étais pas avant ; ma lyre s'est éveillée au bruit du canon des trois jours avec toutes les espérances que chaque détonation nous envoyait ;

je suis né avec le nouveau monde ; j'ai vu ses illu-
minations, ses fêtes populaires : ce n'était plus le
monde d'un homme, c'était notre monde à tous ;
ce n'était que cris d'amour et fanfares réjouissantes :
on voyait bien encore les spectres du passé errer çà
et là avec leur domino noir, pareils au vieillard
d'Hernani ; mais ils semblaient n'être dans le cadre
que pour faire contraste, pour rendre le tableau
complet ; l'ombre et la lumière forment le plus beau
jour. Dérision ! les lampions se sont éteints, les
spectres seuls sont restés ; ils nous ont enveloppés ;
ils sont partout ; nous les traînons aux bals, aux
spectacles, à notre chevet, dans les rues, dans les
salons, dans la solitude, dans le bruit et dans le silence ; toujours là devant nous avec leurs fronts
ridés, tachant notre avenir et nous criant d'une
voix sépulcrale : Jeunes gens, il faut nous suivre !
et se cramponnant aux pans de notre habit pour nous
emporter avec eux dans l'abîme... Nous sommes sur
le bord, quoique personne ne veuille le voir, ainsi
qu'il arrive toujours : le malheur porte un bandeau ;
c'est la fatalité qui le lui a mis ; nous y sommes ;
mais avec une volonté forte et de l'union, nous le
franchirons malgré leurs efforts insensés ; et leurs
ruines ne serviront qu'à le combler sous nos pas,
et à nous aplanir le chemin de l'avenir qui nous
échoit sans retour.

A. G. CESENA.

LA
MAÇONNERIE.

Union et confiance.

> La liberté de l'homme est un décret de Dieu.
>
> LEMERCIER.

Quand les peuples, pareils à des coursiers sans rênes,
Pêle-mêle ameutés dans les sombres arènes
Où vont se discuter les cultes et les lois,
Ne reconnaissent plus ni le frein ni la voix,
Renversent en hurlant les antiques colonnes
Et les marbres sculptés, les anges, les madones,
Monumens où l'artiste avait comme un trésor
Amassé son génie et payés à prix d'or,
Entassent ces débris dans une horrible joie
Et ne trouvant plus rien qui leur serve de proie,
Brisent leur glaive ardent, saisissent pour adieu
Le gant provocateur et le jettent à Dieu;
Alors un homme vient armé de la loi sainte,
Qui soudain le relève et s'assied dans l'enceinte;
Il parle; tout se tait, et sa bouche de miel
Sème à flots pénétrans la parole du ciel.
Il dévoile son œuvre immense, fruit des veilles;
Il explique aux humains ses divines merveilles;
Il déroule l'espace où jamais leur regard
N'avait porté si haut sans errer au hasard;

Il découvre en leur vol de nouvelles étoiles
Sur l'océan d'azur ouvrant leurs blanches voiles,
Et du corps social disséquant les lambeaux,
Sur son linceuil funèbre évoque des flambeaux
Dont la clarté puissante, immuable et féconde,
Illumine la foule et sert de phare au monde.

Mes frères, nous voici dans ces jours désastreux
Où les hommes troublés n'ont plus de frein entre eux.
Chaque famille est seule et sous son toit s'isole,
Se chauffe à son foyer, s'effraie et se console,
Et forme cercle autour du seuil patriarchal
Comme au nid les oiseaux au souffle du mistral.
Une secte vivante à la face du monde
Est livrée aux bourreaux comme une proie immonde,
Le bucher seul y manque; et le monde se tait!
Puis du père Enfantin l'on frappe le portrait
Et l'on s'étonne à voir sa tête magnifique
Où semble bouillonner un monde pacifique,
Et toute la province avide, dans ses yeux
Cherche de ses pensers le fil mystérieux.
On se presse, on s'indigne, on l'admire, on le nomme,
Et chacun en rentrant se dit : C'est un bel homme!
Etrange destinée! ô sublime leçon
Qui nous peint notre temps au bâtard écusson!
Ce dogme solennel qui portait sur sa face
Le globe et s'élevait gigantesque, s'efface,
Comme un sillon dans l'onde; et tout s'est apaisé!
Plus de trace ni voix! c'est que l'on est blasé!
Blasé! blasé sur tout! blasé comme l'hyène
Sur le sang, lorsqu'elle est vieille et porte la chaîne!

Blasé sur les romans, sur l'amour, sur les lois,
Les révolutions, les fêtes et les rois,
Sur le ciel, sur le beau, l'horrible et le sublime !
Nous avons en courant dépassé toute cime.
Nous avons tant vu d'étoiles sous nos cieux,
De prodiges sanglans, que nous en sommes vieux ;
Nous en avons tant vu de combats et d'Hercules
Qu'à présent les plus hauts sont des nains ridicules.
Nous en avons tant vu d'ouragans et d'éclairs
Que nos plus sombres nuits d'orage auprès sont clairs.
Nous avons vu la France, effroyable décombre,
Sous les hordes du nord agoniser dans l'ombre !
Nous avons vu la peste au souffle empoisonné !
L'incendie et la faim ! un Czar assassiné !
Nous avons vu Marat ! l'échafaud ! Bonaparte !
Nous avons vu Talma ! nous avons vu la Charte !
Foy ! Benjamin-Constant ! Cuvier ! tout ce qu'on voit
De plus grand en génie, en puissance, en exploit.
Nous avons vu des bals brillans ! des fiancailles
De rois et d'empereurs ! et puis leurs funérailles !
Nous avons vu le peuple et juillet ! le sept août.
Qui peut nous étonner après un pareil coup ?
Depuis nous avons vu l'émeute échevelée,
Lionne au ventre creux, dans son roc mutilée !
Nous avons vu couler sous d'atroces vainqueurs
Le sang des polonais qui bouillonne en nos cœurs !
Nous avons vu six mois d'héroïsme et de gloire
Payés par l'abandon et tout ce qu'on peut boire
De plus amer : l'exil ! l'insulte ! le viol !
Horreur ! oh ! voilez-vous, jours de deuil ! notre sol
Est taché sans retour ! voile-toi, Varsovie !
La moitié de tes fils te pleure en Sibérie.

*

Nous ne pleurons plus, nous! nous avons le soleil,
Puis la nuit; nous dormons du plus profond sommeil!
Dormons! nous avons vu toutes nations fortes
La suivre en son cercueil! dormons! elles sont mortes!
On n'a plus rien à voir! maître, gouverne en paix!..
Règne à ton gré! l'on est blasé jusqu'au palais.
Un meurtre, un suicide au bas de la gazette
Passent inaperçus, et nul ne s'inquiète
Du malheur d'un seul homme, alors que des cités
A l'œil indifférent tombent de tous côtés.
Maître, tu peux éteindre avec ta fantaisie
Honneur et liberté, science et poésie;
Tu peux brûler les bourgs qui te résisteront;
Tu peux brûler Paris.... à moitié.... car Néron
N'a fait incendier que la moitié de Rome.
Les romains étaient las, ils dormaient d'un bon somme.
Leurs Dieux étaient tombés pour ne plus revenir;
Ils dormaient! nous aussi! roi, nous voulons dormir.

Dormez! reposez-vous! Votre tâche est finie!
Dormez! et si la voix d'un monde à l'agonie
Vient tinter au milieu de votre cauchemar:
Brutus dort! vous direz : mais où donc est César?
Non! non! César n'est plus un homme à diadème;
Tout homme est fait de chair. César est un système;
César est une secte, un parti qu'on ne peut
Tuer ni par le fer, par l'eau, ni par le feu;
Un fléau qui semblable au typhus de l'Asie
N'est visible et certain que dans sa frénésie;
Une hydre aux mille bras qui prend l'opinion,
L'étouffe et l'envahit avec sa faction.

Pour l'attirer à lui rien ne coûte et ne blesse,
Or, menaces, grandeur, hauts titres de noblesse,
Tout ce qui sert est bon; fallût-il la sangler,
S'il ne peut la séduire, il vient la violer.

Et sous ce noir fléau, ce simoun de l'Europe
Qui dessèche nos monts et qui nous enveloppe,
La liberté se meurt! nous errons au hasard,
Sans savoir où porter les éclairs du poignard.
Le grand vaisseau du globe égaré dans sa course
Sans boussole et sans Dieu s'est tourné vers la bourse;
Du génie à l'argent la foi croule et s'envа.
Comme à Rome; il est temps de crier : Jéhova!!..
Jéhova! Jéhova! car la tempête est forte
Et nul ne sait encore où le vent nous emporte,
Et si ce long roulis qu'on entend sous nos pas,
Du naufrage éternel ne nous avertit pas!
Jéhova! l'horizon est pâle comme une ombre,
Et de quelque côté qu'on cherche, tout est sombre;
Sombre au nord, au midi, si loin qu'on aperçoit,
Sur nos fronts, sous nos pieds, partout, où que l'on soit!
On dirait que la terre est veuve de son astre
Ou qu'elle a pris le deuil pour quelque grand désastre :
A peine par moment de sinistres lueurs
Traversent le lointain au milieu des clameurs,
Et montrent aux nochers palpitans d'épouvante
La mer s'ouvrant, ainsi qu'une tombe vivante,
Et dans ses flancs nerveux dévorant à la fois
Armes, clefs, écussons, autels, trônes et lois.

O grands peuples martyrs! innocentes victimes
Offertes à nos rois pour dépouilles opimes.

Saints membres mutilés de l'immense tribu
Qui pouvez dire avec le Christ : Nous avons bu !
Et dont les longs débris ensanglantent la poudre
Ou comme l'aigle encor luttent avec la foudre ;
Pologne ! noble sœur qui marchais avec nous
Dans le même sentier sans plier les genoux,
Et pour nous rafraîchir, à nos lèvres jumelles
Présenta maintes fois tes fécondes mamelles !
Belgique ! sœur française, au pied mâle et hardi,
Dont on a refoulé l'élan abâtardi !
Italie !.... Italie !.... avec tes tours gothiques,
Et ton ciel, et ta Rome, et tes arts fantastiques,
Pauvre Reine qui sens ta voix fuir dans les pleurs,
Et qui sur l'échafaud tombes ceinte de fleurs !
Ile étroite où le vent des factions tournoie,
Et qui si frêle, hélas ! à tout flot sert de proie !
Mère de l'Allambra, vieille Espagne, au stylet
Toujours nu, qui n'a plus que du sang pour tout lait !
Vous avez donc été toutes abandonnées
Que l'on vous voit, ainsi que des gerbes fanées,
Joncher l'Europe en deuil, l'une sous son pavois,
L'autre sous ses bivouacs, l'autre au pied de sa croix.
Vous avez donc en vain combattu sans relâche !
Vous avez accompli votre sublime tâche !
Honneur et paix à vous ! vous qui dans ces combats
Avez trouvé la mort !.... nulle tâche ici-bas
Ne fut plus belle, enfans !

. . . . Mais la nôtre commence !...
La terre foudroyée appelle la semence !
Depuis assez long-temps elle germe en nos seins ;
Depuis assez long-temps couvant nos travaux saints,

Nous l'avons réchauffée au feu de notre haleine ;
Notre moisson déborde et notre ruche est pleine.
Mes frères, devons-nous, cénacles ténébreux,
Dérober à jamais nos fruits mystérieux,
Et nous enveloppant d'un menaçant mystère
Faire de notre corps un membre solitaire,
Farouche, qui ne sent que ses propres douleurs
Et pour le reste à peine ose garder ses pleurs ?
Quoi ! devons-nous voiler notre marche hardie
Et restreindre en nos murs notre sève agrandie,
Comme si des poignards suspendus sur nos fronts
Avaient tracé le cercle où nous moissonnerons,
Ou comme si, cachés au fond de nos retraites,
Nous ourdissions sans bruit quelques trames secrètes !
Vous savez combien peu la haine en nos discours
A remué la paix de nos pieux concours.
La plus pure union dans la grande famille
Règne partout ; c'est beau de voir comme elle brille ;
Si quelque espion, couvert de paroles de miel,
Quelqu'homme à l'aspect louche, au cœur rempli de fiel,
Pénètrent dans nos rangs et troublent notre enceinte,
Ils sont exclus soudain comme un vase d'absinthe.
Nous savons cependant que l'épine est aux fleurs,
Que souvent la jeunesse a causé des erreurs,
Qu'elle est faible ! et marquons dans deux parts séparées
Les boucs incestueux des brebis égarées.
Nos luttes ne sont point un bruyant pugilat
Où les athlètes forts joûtent avec éclat !
Non ; mais comme l'arabe en ses chaudes contrées
Enflamme en les frottant des branches consacrées,
Nous éclairant l'un l'autre au sein de nos labeurs,
Nous nous communiquons nos fertiles lueurs.

Parfois de l'univers développant la carte,
Nous suivons Leibnitz, Lappérouse ou Descarte,
Aux pieds de l'Eternel dans leur sublime essor
Emportés sur la nue avec leurs sphères d'or;
Tantôt frappés des cris de ce monde en détresse
Que semble tourmenter une main vengeresse,
Nous jetons un regard sur ce flot convulsif
Qui bat la liberté de récif en récif;
Tantôt un soin pieux sanctifiant nos heures,
Des frères malheureux qu'enferment nos demeures
Nous soulageons la plaie et sur ces pauvres corps
Qu'a ridés l'infortune, épanchons nos trésors;
Ainsi qu'aux fleurs sans miel par le vent épuisées
L'aurore à pleines mains prodigue ses rosées;
Mais elle baigne aussi de ses sucs amoureux
Les plantes et la vigne aux festons savoureux
Et les arbres penchant leurs feuilles désséchées
Et les sillons ouvrant les plaines défrichées;
Elle sème à longs flots ses rubis éclatans
Et dans chaque calice allume le printemps.
Et nous, de nos bienfaits avares magnifiques,
Nous les épuisons tous au sein des basiliques
Où nous enfouissons nos nombreuses tribus
En nous disant à nous-mêmes : soyez élus!
Vaine loi qui jamais ne dut être éternelle
Et que proscrit de Dieu la bonté paternelle;
Nous sommes ses enfans, profanes et chrétiens;
Et nous sommes tous nés frères et citoyens.
C'est notre culte à nous, je le sais; mais la terre
Ne nous voit qu'à travers les voiles du mystère;
Ces biens que le Seigneur nous répandit sans frein,
Sont-ils à nous? tout homme au regard souverain,

Tout cénacle au pied fort, au gigantesque moule,
D'une mission haute est chargé pour la foule.
Nous avons tous veillé, nous avons tous jeûné ;
Voici l'heure d'ouvrir le seuil prédestiné ;
Voici l'heure d'étendre à ceux dont le mât sombre
L'arbre de paix couvert de fruits dorés et d'ombre,
Et de dire à l'abri du rameau bienfaisant :
Frères, mangez ! buvez ! c'est ma chair et mon sang !...

Dans les plus durs frimats il a jeté racine ;
Sur le front des palais il monte et se dessine ;
Notre agile parole, ainsi qu'un vent de feu,
Frémit et se déploie et fermente en tout lieu.
Sur l'aile de la nuit de royaume en royaume
Elle vole en silence, invisible fantôme.
De Paris à Berlin, de St-Pétersbourg
A Rome, de Bruxelle au fond du Brandebourg ;
Sous les tours de Milan, dans les châteaux gothiques
De la sombre Allemagne ; aux jeunes Amériques ;
Aux champs de Varsovie où nos secours nombreux
Réchauffèrent long-temps nos frères valeureux ;
Partout nous jetons l'ancre et nos loges se fondent.
Quatre empires géans à notre voix répondent.
Nous avons la puissance, et dans nos fortes mains
Nous tenons comme un nid la base des humains ;
Et les plus grands états, si haut que soit leur faîte,
Crouleraient, si nos pas remuaient la tempête.
Nous pouvons ou lancer ou retenir nos traits ;
Nous seuls nous possédons nos terribles secrets.
Qui font que tout s'ébranle au signe maçonnique,
Ainsi que l'étincelle au fluide électrique,

Et qu'à la fois vibré dans Paris et Moskou,
Toute la terre entend et n'entend qu'un seul coup.

Frères, tout est donc fait dans la belle statue,
Et la voilà debout d'un seul voile vêtue;
Ses contours sont saillans et du plus pur dessin,
Et la flamme sacrée étincelle en son sein;
Désormais il ne manque à la Memnon nouvelle,
Pour qu'elle parle et marche et soudain se révèle
Et tire à ses accens les peuples du sommeil,
Que d'être déployée aux rayons du soleil!

Les vents la flétriront, direz-vous! ou la foudre
Brisant son piédestal, l'étendra dans la poudre;
Ou le peuple un dimanche autour d'elle dansant,
Après l'avoir souillée et couverte de sang,
Viendra la violer!.... Crainte folle et dorée!
Le laboureur qui sème et l'artiste qui crée,
Ne s'inquiètent pas quel souffle passera
Sur le sillon qu'il creuse et l'œuvre qu'il sevra.

Venez! venez à nous! vous tous dont l'ame veuve
Cherche une source pure où votre soif s'abreuve,
Une tente où du moins vous puissiez désormais,
D'un voyage si long vous reposer en paix.
Hélas! depuis qu'on a quitté l'ancien rivage,
L'on va, l'on va toujours de voyage en voyage;
On va du nord au sud, on va du sud au nord,
Sans jamais aborder, sans découvrir de port.

Tous nos législateurs, tous nos grands politiques
Ont en vain déroulé leurs fantasques optiques;
Ils ont tous consumé sans lumière et sans fruits
Leur huile vaporeuse et leurs obscures nuits.
Les uns, comme des bœufs courbés sur les ornières,
Nous tracent au cadran des ébauches grossières
De république, avec leurs chiffres et leurs dards
Qui frappent sans pudeur les blasons et les arts.
D'autres, dont le malheur est le plus haut trophée,
Après que toute foi par eux est étouffée
Et qu'ils ont enlevé sous leur bec de vautour
A nos jeunes enfans tout leur reste d'amour,
Nous forgeant le collier d'un nouveau fanatisme,
Attachent à son bout l'anneau du scepticisme.
Laissons, laissons le culte aux hébreux, aux chrétiens!
Il ne faut plus de fers, mais il faut des liens!

Des liens fraternels, marqués d'un caractère
Indissoluble, unique, afin que leur mystère
En soit la garde et veille autour de nos labeurs,
Et que nous ne puissions confondre les couleurs;
Des liens aux partis qu'une folie amère
Arme confusément sur le sein de leur mère;
Des liens à ces bras nerveux et plein de sang
Qui dans l'inaction s'usent en frémissant;
Et des liens au faible, à la jeune industrie,
Pour qu'elle se propage et partout nous sourie;
Des liens à nos fils, qui dans le cours humain
S'en vont chacun à part un scapel à la main;
Des liens aux vieillards, aux peuples qu'on moissonne,
Qui meurent l'un après l'autre, sans que personne

Se lève à leur trépas ; isolés ! sans soutiens !
Ah ! formons tous un peuple uni sous nos liens !

Venez ! venez à nous ! venez dans nos cénacles !
Venez vous épurer près de nos tabernacles,
Et remplir cette loi du Seigneur et de tous
Qui dit pour seule offrande aux hommes : aimez-vous !
Aimez-vous et donnez ! philosophes, artistes,
Vous que tant de points noirs dans le ciel rendent tristes ;
Vous, enfans, qui marchez dans les sentiers nouveaux
Et qui portez un monde au fond de vos cerveaux,
Venez ! ralliez-vous au tronc qui nous rassemble !
Nous marcherons plus loin en marchant tous ensemble ;
Apportez parmi nous vos globes, vos atlas,
Vos pinceaux ; seyez-vous ; vous devez être las.
Quand la mer est mauvaise et mugit sur les côtes,
L'aquilon bat toujours les voiles les plus hautes ;
Vous sentez les premiers le choc universel,
Et chaque onde en passant vous abreuve de sel.
Vous n'avez plus ces jours de fraîche poésie
Où les rois se courbaient à votre fantaisie,
Où l'art et le poète au vol audacieux
Etaient, couple d'aiglons, portés au rang des dieux ;
Maintenant, c'est au prix d'éternelles alarmes
Qu'on gagne un nom trempé de sueurs et de larmes,
Et qu'il faut goutte à goutte user ses jours de deuil
Pour avoir un laurier qui couvre son cercueil.
Frères, ils reviendront ! ne perdez pas courage ;
Venez vous abriter et croître à notre ombrage !
Nos froids disséquateurs armés de leur compas
Disent que l'art s'en va, car ils n'en sentent pas :

Insensés! corps sans âme! os et chair! Eh! qu'importe,
Espérons! l'espérance est toujours la plus forte;
Nous avons tous besoin d'espérer; espérons!
Vous serez les enfans sur qui nous veillerons :
Si parfois l'un de vous tombe, lorsqu'il s'essaie,
Nous le relèverons, nous panserons sa plaie!
Espérons que l'azur renaîtra quelque jour!
Espérons! car l'espoir est encor de l'amour.

Et pour toi, liberté, base et flambeau du monde,
Toi dont l'œil illumine ainsi que le bras fonde,
Notre premier serment! notre dernier couteau!
Nous te les dévouons! nous n'avons de drapeau
Que le tien, sans savoir quel écusson il porte,
Si c'est un oiseau blanc ou noir qui nous l'apporte
Entre sa double serre, ou la fleur de nos rois
Dans son calice humide, ou notre coq gaulois;
Pourvu que ce soit toi! la sainte! la sublime!
Toi qui reluis pour tous sur le trophée opime!
Toi que nos potentats étouffent sous leur poids!
Mère des citoyens, protectrice des droits,
Toi, sœur des arts, avec ton glaive et ta balance,
Et non pas des poignards, et non pas la licence,
Et non pas la police, et non pas l'étranger,
Et non pas des partis qui vont s'entr'égorger,
Non pas le despotisme et les presses brisées,
Arcole et Saint-Méry, ni les lois méprisées,
Enfin, non des nageurs égarés, qui tremblans
De ne pouvoir lutter contre les flots roulans,
Loin de suivre leur cours, s'accrochent au vieil arbre
Et restent là pendus comme des blocs de marbre,

Jusqu'à ce que la branche ayant rompu sous eux,
Ils retombent au fond du fleuve impétueux.

Toi seule, appui de tous, es la branche immortelle
Qui portes dans ton aire un avenir fidèle ;
Branche et navire ensemble, aux flancs éperonnés
Que les vaisseaux de race ont en vain canonnés.
Sois sans peur ! quelque vent qui souffle sur ta tête,
Nous avons un port sûr pour toi dans la tempête,
Et puis quand nous voudrons mettre en mer et voguer,
Nul ne sait comme nous déployer ni carguer.
Laisse, laisse passer ces gothiques fantômes,
Czars, princes, empereurs, vieux geôliers de royaumes,
Qui fauchent sans pitié sur le globe vassal
Nos têtes et notre or pour le panier royal ;
Laisse-les épuiser les coupes à la ronde
Et danser aux éclats de la foudre qui gronde.
C'est leur dernière valse et leur dernier festin ;
L'archet crie et se rompt et le lustre s'éteint.
Quand l'appel menaçant du tocsin populaire
Pour la troisième fois ébranlera leur aire,
Ce sera fait d'un monde, et le monde nouveau
S'asseoira triomphant sur son jeune pivot ;
Et nous, qui regardons l'heure d'un œil avide
Et suivons nuit et jour l'aiguille au vol rapide
Qui déroule en son cours le sort des nations
Et les astres, avec leurs révolutions,
Nous qui dans ce grand drame encor voilé dans l'ombre
Avons tous une place ou plus haute ou plus sombre,
Et jouant notre vie avec notre avenir,
Les voyons s'écouler tous deux sans en jouir,

Unissons-nous ensemble, unissons-nous en foule;
Epurons et jetons notre œuvre dans le moule;
C'est notre champ à tous! qu'on y vienne à foison
Travailler, pour que tous aient leur part de moisson!

Frères, unissons-nous dans le grand sacrifice;
Et pour que notre voix au lointain retentisse,
Pour qu'elle soit de tous entendue avec fruit,
Pour qu'on sache qu'enfin une étoile nous luit
Et que nous sommes là donnant l'ordre et l'exemple,
Il faut dans chaque ville ouvrir un vaste temple
Où nous rassemblions au feu d'un seul autel
Les errantes tribus du troupeau fraternel.
Eh quoi! toute ville a ses églises parées
Avec ses doubles nefs, ses fêtes consacrées,
Où les fidèles vont de l'aube jusqu'au soir
Chanter l'hymne et prier autour de l'encensoir.
Quoi! les Juifs n'ont-ils pas leur synagogue antique,
Où s'accomplit en paix le mystère hébraïque?
Les enfans de Luther, de l'Evangile armés,
Prêchent de toutes parts leurs dogmes bien aimés,
Qui nous retient encor dans cette nuit funeste?
Il est temps de parler! le forum seul nous reste!
Frères, n'attendez pas que ce dernier appui
faillisse à notre espoir! nous n'avons plus que lui.
Montons-y donc! parlons! levons-nous! l'heure sor
La terre le demande et le devoir l'ordonne!
Qui sait si nous aurons le soleil de demain
Et s'il ne sera tard, pour montrer le chemin!
Qui sait si nous vivrons! si dans nos sanctuaires
Nous ne serons atteints par des bras mercenaires

Et si l'arrêt fatal ne se médite pas !
Tout est doute ! un volcan peut couver sous nos pas.
Déjà nous avons vu des messagers perfides
Se glisser parmi nous ! les stylets sont rapides
Et le coup suit l'éclair ; à peine a-t-on frappé
Que soudain sans rien voir on est enveloppé !
Du Louvres au Kremlin on entend le tonnerre.
Toutes les nations ont crié : guerre ! guerre !
Ce bruit : mort aux tyrans ! a volé dans la nuit !
La Saint-Barthélemi sur son tombeau reluit !
Il faut que désormais la question se vide
Et que la dette soit rayée ou se liquide
Entre Brute et César à nos prochains budgets :
Sommes-nous citoyens ou sommes-nous sujets ?
Jadis pour épargner la fleur des deux armées,
Au moment où s'ouvraient les lices enflammées,
Les deux chefs s'avançaient et la lance à la main
Par combat singulier réglaient l'état humain ;
Levons-nous donc, avant que la mort ne se lève,
Avant que l'échafaud ne remonte à la Grève,
Et ne semant partout le désastre et l'effroi
Ne dise en les comptant : ces têtes sont à moi !
Car il faudrait lutter avec lui sans relâche,
Et certes, quoi qu'on fasse, il va vite à la tâche ;
La lutte serait longue et sanglante et sans fin
Pour tous deux ; plus il boit de sang, plus il a faim.

Mes frères, c'est à nous de vider la querelle,
Si vous ne voulez pas qu'elle soit éternelle ;
A nous de ramasser le gant dans le tournois ;
Combattons face à face aux armes de leur choix.

Mais hâtons-nous ! parlons ! toute puissance occulte
Peut sembler criminelle ; inaugurons le culte,
Et pour colonne sainte à notre arche de paix
Prenons la liberté qui ne faillit jamais !
Et sur le piédestal élevons sa statue
Géante et couronnée et la poitrine nue,
Afin qu'on lui prodigue et l'encens et les vœux
Et qu'on l'invoque au sein des soleils orageux,
Car il faut que le peuple à quelqu'un dise : sire !
Et qu'il fasse couler du sang ou de la myrrhe.

LYON. — IMPRIMERIE DE CHARVIN.